中华中医昆仑

朱仁康学术评传

张镜源◎主编

中国盲文出版社

图书在版编目（CIP）数据

朱仁康学术评传（大字版）/ 张镜源主编. —北京：中国盲文出版社，2015.12

（中华中医昆仑）

ISBN 978-7-5002-6796-6

Ⅰ. ①朱… Ⅱ. ①张… Ⅲ. ①朱仁康（1908～2000）—评传 Ⅳ. ①K826.2

中国版本图书馆 CIP 数据核字（2015）第 316673 号

朱仁康学术评传

主　　编：张镜源
责任编辑：顾　盛
出版发行：中国盲文出版社
社　　址：北京市西城区太平街甲 6 号
邮政编码：100050
印　　刷：北京华联印刷有限公司
经　　销：新华书店
开　　本：700×1000　1/16
字　　数：42 千字
印　　张：6.25
版　　次：2015 年 12 月第 1 版　2016 年 3 月第 2 次印刷
书　　号：ISBN 978-7-5002-6796-6/K·430
定　　价：12.00 元
销售服务热线：（010）83190297　83190289　83190292

丛书编委会

前　言

中医药是中华民族的伟大创造，是世界医学宝库中的夺目瑰宝，数千年来为中华民族的繁衍昌盛作出了巨大的不可磨灭的贡献，至今仍是中国医药卫生事业不可分割的重要组成部分，在维护民族体魄康健、促进经济社会发展中发挥着不可替代的作用。

中医药学，是中华传统文化和科技文明的结晶，是勤劳聪慧的中华儿女在几千年生产生活实践中，在与疾病作斗争的过程中，创造的独具特色的医学科学体系。它有着浓郁的民族特色、深厚的文化底蕴和丰富的哲学内涵。经过一代又一代中医药传人、一辈又一辈名医大家的实践探索、薪火传承、总结完善、创新发展，逐步形成了系统的理论体系、独特的诊疗方法、丰富的医学内容、实用的制药技术。具有疗效确切、用药安全、应诊灵活、普适简廉和预防保健作用显著的巨大优势，在世界医学之林独树一帜，为人类的文明进步与医疗保健事业，已经并正在作出积极的贡献。

为了弘扬中华民族传统文化，彰显中医药学家的丰功伟绩，当代中医药发展研究中心与中国文学艺术界联合会、国家中医药管理局新闻办公室、中华中医药学会、中国中医科学院、北京中医药大学、世界中医药学会联合会等精诚合作，在国家中医药管理局的支持和指导下，为中华近现代百年来贡献卓著、深受敬仰的150位中医药学家，编撰出版了这部大型传记丛书。丛书采用评传体裁，记载他们的生平事迹、医术专长、学术思想、传承教育、医风医德、养生之道和突出贡献，使这些宝贵的医学成就和精神财富发扬光大，千古流芳。

从书取名《中华中医昆仑》。昆仑山，被尊为“万山之祖”，柱西北而瞰东南，立中国而凭世界，凌驾乾坤，巍然屹立。以其高峻豪迈、绵延起伏的磅礴气势，寓意中华中医药学历史悠久、博大精深和永不衰竭；以其挺拔雄伟、高耸入云的恢弘气魄，彪炳一代中医药学家的丰功伟绩、杰出贡献和不朽勋业。

从书入选传主，从全国范围推荐遴选，遍及中医药界各个领域。有临床家、理论家、药学家、教育家、医史文献学家；有名师亲授、世医家教、学派传人、院校毕业和自学成才者；有师徒并驾、父子齐名和伉俪联袂者。他们学术造诣深厚、诊疗技术精湛、临床经验丰富、学科地位崇高、科研成果丰硕、医风医德高尚、国内外影响较大，从医学理论到临床实践，为中医药事业的传承和发展作出了突出贡献，是近现代百年来中华中医药界的杰出代表。

丛书的出版，对于弘扬中华文化，振兴中医药事业，造就中医药人才，普及中医药知识，具有重要的现实意义和深远的历史意义。这是一项开创性工作，填补了我国为著名中医药学家大规模撰写传记的空白；也是一项抢救性工作，因入选传主已仙逝过半，许多亲历、亲见、亲闻的史料日见散逸，将之收集整理、编撰成书，功垂后世、利国利民；更是一项承前启后的工作，总结传主经验，传承中医药伟业，继往开来，光耀世界医学之林。这部医文结合，富蕴历史性、学术性、文学性和实用性的鸿篇巨制，对医疗、卫生、科研、教育及全球关注中华中医药文化的各界人士，都有重要的参考和阅读价值。

丛书的编撰出版，是一项巨大的中医药文

化建设工程，在策划、撰写、编辑、出版过程中，自始至终得到了国家有关领导、政府部门及社会各界人士的关心和支持。国家中医药管理局高度重视，并组织专家对全书进行终审；数百名专家、学者亲临指导，参与规划；有关省、市、自治区卫生厅、局、中医局（处）给予大力帮助；传主及其亲属、弟子热情支持、密切配合；撰稿人深情满怀、辛勤笔耕；编审专家尽心竭力、精工细琢；关爱中医药事业的企业家热心公益、慷慨资助；全体工作人员不辞辛劳、无私奉献，这一切使丛书得以顺利出版。对此，我们深表谢意。

由于时间紧迫和资料搜集困难，加之水平有限，难免有疏误之处，敬请广大读者批评指正。

中华中医药学，历史悠久，源远流长，发端于远古，奔向于未来。百年对于历史，不过是短暂的瞬间；百人对于万众，不过是沧海一粟。然本丛书所记载的百年百人，则无疑是波澜壮阔的中医药发展史上辉煌的篇章和光芒闪烁的璀璨星辰。

张镜源

目录

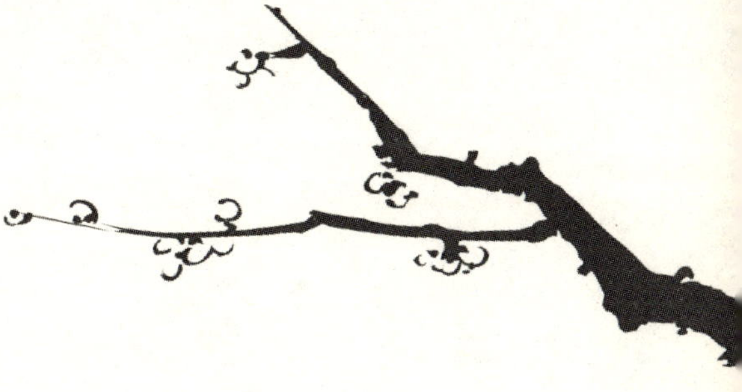

唯宽可以容人，唯厚可以载物。

——朱仁康

朱仁康（1908—2000），江苏无锡人。字行健。著名中医学家、皮外科临床家、资深研究员。早年师从名医章治康。后在苏州、上海开业行医。曾主编《国医导报》。中华人民共和国成立后，积极投身中医事业。自 1956 年起，历任卫生部中医研究院（现中国中医科学院）西苑医院外科主任，广安门医院外科主任、皮肤科主任、研究员，兼任北京中医学院（现北京中医药大学）名誉教授，中华全国中医学会第一届理事、外科学会主任委员，中华医学会皮肤科学会委员，中国中西医结合研究会名誉理事等职，为第六届全国政协委员。1981 年加入中国共产党。

朱仁康从事中医事业70余年，精于疮疡、皮肤外科。擅长治疗多发性疖肿、乳腺炎、脉管炎、湿疹、皮炎、银屑病、丹毒、带状疱疹、扁平疣等病症。提出认识皮肤病的基本学术观点："肌肤乃机体的一部分，故与整个机体营卫气血、经络脏腑息息相关。"同时，将温病学说融会于皮肤病的诊疗之中。临证之时衷中参西，既重视中医辨证论治的特点，亦吸收西医辨病之长，将传统和现代较好融合，创制经验方50余首。创用滋阴除湿法治疗湿疹，将治疗湿疹、皮炎的经验输入电子计算机，制成《朱仁康中医专家系统》；创制"克银方"治疗银屑病，疗效较高。在他的努力和影响下，中医皮肤科治疗水平得到不断提高。

缘拜名师　立志从医

朱仁康生于清朝末年，此时期中国社会动荡，内忧外患，军阀割据，民不聊生。朱仁康4岁丧母，父亲经营粮行，家住无锡市南郊，捐税繁重，常常入不敷出，东挪西凑，拮据度日。朱仁康从小就倍感世间疾苦，周围的老百姓大多衣不蔽体、食不果腹，一些小病就能夺走一个个鲜活的生命。这些都在朱仁康的心里留下了深深的印记。孩提时的朱仁康内心深处一直回荡着一个声音，他要找到一条途径，帮助身边的人们，战胜四处肆虐的灾难和疾苦。

江南自古重学，朱父也很注意对下一代的培养，甚至举债供朱仁康兄弟上学。朱仁康少年时身体不佳，考入中学后仅读一年就因病辍学。恰在此时，江南名医章治康因避兵乱，由郊区迁来与朱家合居。

明清是中医外科发展的鼎盛时期，先后形成“薛己”、“正宗”、“金鉴”、“全生”、“心得”五大学派。而章治康正是以高秉钧为代表的“心得”派的第二代传人，提出“外疡与内症，异流而同源”的学术见解，并加以发扬光大。由此因缘，朱仁康受到章治康的指点，开始潜心研读高秉钧的《疡科心得集》，受益匪浅，从此立志从医。

章治康医德高尚，凡贫困患者，非但分文不取，甚至馈赠药金。恩师的这些义举给少年时代的朱仁康留下了不可磨灭的印象。章治康不但擅长外科，对内科疾病亦造诣颇深，方圆百里，慕名求医者络绎不绝；朱家人有病，经其诊治，无不霍然而愈。这都让少年时的朱仁康仰慕不已。而令朱仁康记忆最为深刻的是其父的一场大病。有一年，朱父因心境不畅，郁结于头，脑后发疽，肿痛日剧。章治康为其遣方用药，并嘱予三年老母鸡 1 只炖服。朱家人不解，章治康曰，以毒攻毒，放心服用。一段疗程后，果然疮头收束，顶透脓泄，大病终愈。朱父因此与章治康成为莫逆之交，朱仁康两兄弟也从此立志从师学医。朱仁康的哥哥长朱仁康 4 岁，先师从章治康，三载学成，悬壶无锡郊区。朱仁康从兄长随诊抄方学习，亦尽得章治康薪传之秘。兄弟二人为表达对老师的钦佩之心，各取老师名中一字而自名之，兄长取“治”字，朱仁康取“康”字。

章治康于疮疡外科颇有独到之处，常用虫类药如山甲、全蝎、斑蝥、蜈蚣之类，配成秘方丸散，用以内消疮疡，功效卓著，驰名于世。朱仁康学医亦从外科入手。章治康以《汤头歌诀》及《医家四要》对朱仁康加以启蒙。因不懂药理，朱仁康背诵多遍，仍是前记后忘，后来加以钻研，找到了窍门，把各类方剂经过分析、对比异同，才逐渐熟记。随着年龄增长，又读《医方集解》，深入了解中医原理方义，记忆就更牢固了。

朱仁康最推崇的是师祖高秉钧的《疡科心得集》一书。在他看来，明清两代的外科在医学史上虽有明显发展，外科书亦不少，但大多陈陈相因，多所雷同。唯此书一反既往以疮疡部位编次的惯例，首创以两病或三病并列立论的形式，条分缕析，辨其异同，既便于辨病（即今之鉴别诊断），更便于辨治。例如“辨附骨疽、附骨痰论”，已能明确地把骨髓炎、骨结核区别开来。又如在脑疽论中，首先提出三陷变局，对全身化脓性感染——脓毒症，已有很好的认识。如斯之处皆发前人所未发，在中医外科史上有很大的贡献。朱仁康对此书曾反复研读，背诵于心。随着对学理的深刻理解，朱仁康对中医疮疡外科的认识逐步形成。如从阳证多见出发，判断疮疡属于火毒。

朱仁康广泛涉猎医学书籍，参阅诸多外科名著，将《外科正宗》、《医宗金鉴·外科心法》等一一摘录，博采众长，从中吸取精华，既开阔了眼界，又充实了师承经验之不足。并先后学习了《素灵类纂》、《时病论》、《伤寒来苏集》、《温病条辨》、《本草从新》等著作。朱仁康为求得真知，读书异常刻苦，鸡鸣灯影，日日不辍。故积学之识，如春园之草，日有所增。从而将中医外科“治外必本诸内，知其内以求其外”及“治外而不知内，非其治也”这一欲掌握外科必须熟谙内科基础的道数了然于胸，为他后来融会贯通，树立整体观，提出外病内治、疮疡皮肤外科诸证应注重内在变化等医理打下了坚实的理论基础。

除了遵从章治康的教诲，朱仁康更多的是在兄长的教导下逐步成长。白天，他协助兄长随师临诊、抄方配药，夜晚读书。这样的学医模式将临床实习与理论知识密切结合，很容易做到知行合一，因此朱仁康收获很大，进步很快。数年随师学医，朱仁康不仅学会了临床和理论，而且还学会了两项基本功：炼丹制药和开刀技术。

中医外科治疗与其他科不同，除了内服药，还必须配合外用药，炼丹制药乃是一项必须掌握的专门技术。一般来说，外科将红升、白降二丹视为不可或缺之品，炼制是一项繁琐而精密的操作，炼制时须掌握好火候（文火、武火、炼取时间），否则必遭失败。朱仁康不断实践、反复试验，掌握了多种外用膏、丹、散、水、酒等的配方工艺，对“妙到毫巅”（制药的先后次序和功效好坏往往存乎于细微）有着深刻的体会。

另一项基本功是开刀技术。辨脓法是中医外科的难点之一，尤其是深部脓疡，辨之更难，又有似脓非脓、气肿、血肿，极易误诊，均要经过反复实践方可临证无误。名医与庸医的区别就在于此。朱仁康经过认真学习，善于总结经验和要点，做到了活学活用，掌握了良好的基本功，只需用手指按摩病体，就能判断有脓无脓。对于中医开刀技术，朱仁康最大的心得就是："向以小切口为主，辨脓疡深浅，定切口部位，浅则浅开，深则深刺，恰如其分。反之，过浅则未到脓腔，脓不外泄；过深则伤筋动络，甚至大出血。开口过小则脓出不畅，造成蓄脓；脓未成熟而切，脓成而过时不切，均非所宜。"

"宝剑锋从磨砺出，梅花香自苦寒来。"经过刻苦的学习，潜心的钻研，在恩师和兄长毫无保留的谆谆教导之下，不到 3 年，朱仁康已经熟练掌握了外科常用的药方和炼丹制药、开刀等基本技法，初步成为了一个中医师。从此，朱仁康踏上了悬壶济世之路。

弱冠行医　悬壶济世

1928年，朱仁康年方弱冠，意气风发，学有所成，志存高远，开始独自行医。望乱世中国，民生多艰，志救人民于水深火热之中；看风雨神州，天灾人祸，愿医生灵于疾病困顿之间。他离开家乡到苏州湘城行医，该地处阳澄湖畔，盛产大闸蟹，乃江南鱼米之乡，民风淳朴，是一个清静的好地方。

朱仁康悬壶疗疾，德技双馨，对贫困患者施诊送药，深得当地民众的信任。每天诊务繁忙，影响日渐扩大。这时有两位青年前来拜师学医，一位是当地人，名陆绍元，另一位是个女子，来自江阴，名高瑞芝，朱仁康自己虽也年轻，却欣然收下两位徒弟，并将自己的心得经验一点一滴地传授给弟子，两人3年后学成，各自返回原住地挂牌应诊，后皆成一方名医。这是朱仁康最早的学生。

初出茅庐，朱仁康因基本功扎实，对常见病都能轻松应对。但遇到不常见的病，甚至从未见过的疑难之症，就不这样简单了。毕竟实践不够，独立应诊的经验又不足。无师可问，只有求诸书本，自己揣摩。正所谓："初学三年，天下通行；再学三年，寸步难行。"这一时期朱仁康曾碰到一个病例，50年后仍然记忆犹新。

患者蔡某，男性，农民，30余岁，遍身起青紫斑块，状如葡萄，两腿青肿，满口牙龈糜烂，血向外溢，不断吐出青紫黑红夹杂的血块，臭秽之气冲人。其家属惶惶然，遂邀朱仁康前往就诊。然自忖行医方始，此病从未见过，如何处理，心中无定见。初思牙龈属胃，现今糜烂出血不止，想是胃火上炽，周身青紫斑块，量由邪热伤络，血溢脉外所致。筹思有顷，蓦然想起方书有消斑青黛饮一方，或能合拍。故拟先用犀角尖（现已代用）（研末）1.5g以银花露送服，继拟方用鲜生地、川黄连、山栀、知母、青黛、生石膏、丹皮、赤芍、玄参、鲜芦根与服，另以五倍子末外搽牙龈以收敛止血。两剂后复诊，龈血明显减少，周身青紫斑块亦渐消退，仍宗前方，去犀角，加侧柏叶、大青叶等，6剂后痊愈。患者阖家称颂不止。

开业伊始，初建奇功，朱仁康暗自庆幸的同时也捏了一把汗。事后查《外科正宗》、《医宗金鉴》诸书，称此症为青腿牙疳、葡萄疫，与现代所称坏血病相似。而消斑青黛饮一方，出自《伤寒六书》，治邪热入胃，里实表虚，阳毒发斑之证。从此以后，他养成了一个习惯，就是把每天看到的病摘记下来，写成临诊笔记。一般病例简录，疑难危重病则详记。诊余之暇，重新思索处方用药有无差错，有无药不对症之处。哪些药该用的未用，不该用的却用了。经过反复思考，能够不断总结，不断改正，不断进步，并鼓励他的学生也效仿他，积跬步以成千里。如果再遇疑难病或罕见之症，年轻的朱仁康必经多方查书，一求明确诊断，二求想方设法。遇危重症，事关患者生命安危，责任重大，不但临诊时要详细检查，慎重推敲后方遣方下药，且诊后又要考虑下一步方案。就是在这点滴之间，他的医学经验不断丰富。

在中青年时代的20余载曲折艰辛的行医济世道路上，朱仁康不但医治患者无数，总结了丰富的临床经验，而且在理论方面初步形成了自己的中医观——这就是整体观和辨证法。朱仁康认为，由于机体内外环境（如体质、气候、病因、病位等）不同，因而同一种“病”可产生不同质的“证”，同一类“证”亦可发生于不同的“病”中。这就需要进行辨证论治。例如紫斑，不能见到斑就一律以血热看待。一少女刘某，两下肢出现集簇紫红色瘀斑，蚕豆大小，压之不退色，舌质红，苔薄黄，脉细滑。此属湿热内蕴，热伤营血，血溢成斑之证。法宜利湿清热，凉血止血，药用赤芍、生薏苡仁、山栀、川柏、丹皮、黄芩、知母、生石膏、青黛、忍冬藤、六一散等，5 剂后紫斑减轻，10 剂后皮损消退而愈。一中年男性单某，双小腿反复起紫红色瘀斑已年余，稀疏散在，部分集簇成片，同时伴有腹痛，便溏，肢凉，面色萎黄无华，舌质淡，苔薄白，脉细滑。此属脾肾阳虚，火不生土，运化无权，脾不统血，血溢成斑之证。治宜温阳健脾，补火生土，药用熟附子、炮姜炭、炒白术、淫羊藿、破故纸、茯苓、炙黄芪、升麻、大枣、煨肉蔻等。在此方基础上加减变化，调治半年而愈。以上两例西医均诊断为过敏性紫癜，而中医辨作两个不同的证。前者属热属实，治以清泄；后者属寒属虚，治以温补，均获显效。说明病相同而证不同，予以“同病异治”。反之病不同而证相同，可予以“异病同治”。要做到这点，关键是要辨证准确。

朱仁康认为，皮肤病的特殊辨证体现在辨别皮肤外在表现（辨外证），辨内证则与内科相同，辨外证主要通过望诊来辨别皮损形态、色泽和部位，以了解病证的性质、测知内在脏腑的情况。《灵枢·本脏》云：“视其外应，以知其内脏，则知所病矣。”《外科启玄》云：“外有部位，中有经络，内应脏腑也……如有疮疡，可以即知经络所属脏腑也。”如皮损生于面部属胃经，生于胸胁部属肝经，生于鼻部属肺经等等。将皮损所在部位及其形色表现结合起来分析，就可以对皮肤病的性质和所属脏腑病变有一个初步的了解，再对全身症状进行综合分析判断，就能透过现象看本质，得出正确的诊断，从而提高中医皮肤病辨证论治水平。

总结多年经验，朱仁康将辨皮损形色的经

验，从风、湿、热三个方面举例分述如下。

风证：风性善行而数变，凡具有此特点的皮肤症状均属风。皮肤局部肿起比较宣浮，随处可生，游走不定，倏现倏隐。皮损色白或浅淡者为风寒；色红赤者为风热；皮损初起疹点成片，层层脱屑为风燥。若皮损斑点潮红，微痒者属血热风燥；若皮损浅红或不红，鳞屑飞舞，瘙痒无度者属血虚风燥。其他如头发突然成片脱落，重则须眉俱落，或皮肤瘙痒极甚，抓之随手出现红色条索状隆起，为血热风盛。

湿证：湿为阴邪，其性黏腻。皮肤渐起丘疱疹、水疱、大疱及脂水渗出，湿烂结痂，均属湿热为患。若有浆痂者为湿毒。皮肤瘙痒，起红丘疹，搔之流水不多者为风湿。上身多见者为风重湿轻，下身多见者为风轻湿重，皮下有结节而肤色不变，为痰湿凝滞。

热证：局部皮肤焮红赤肿为热肿。皮肤弥漫渐红及大片红斑均属热。红斑压之退色者为气分有热，压之不退色者属血分有热。斑色红紫为郁热深久。红斑上见有水疱为湿热。红斑上见有血疱为血热。丘疹色红瘙痒为风热。脓疱周边有红晕为毒热。红斑结节为湿热蕴结，气滞血瘀。

朱仁康在中医外科方面已有了一定的经验，但当时中医外科多指皮科而言，对于动手术的外科则以西医见长。因而社会上有中医长于内科，西医长于外科之说。朱仁康由此有所触动，也想学习西医，扩大自己的眼界。此时西风东渐，上海有汪洋办的函授学校，朱仁康便前去求学。经过学习他对西医有了初步了解，看到西医对急救很有办法，如霍乱输盐水，白喉打血清等，他自己也学习操作，并准备了一套器材以备不时之需。

经过西医知识的积累，朱仁康在外科技术操作上不墨守成规，认真钻研。他不断学习先进医疗技术，包括消毒、灭菌、局部麻醉，并掌握西医手术器械使用方法。20世纪30年代，苏沪一带脑膜炎流行，朱夫人不幸亦被传染，终日昏睡不醒。当时的江南小镇尚无医院。为明确诊断，朱仁康冒险亲自为夫人抽脑脊液化验，经过诊治，尔后痊愈。在那个年代，中西医之间互不了解。中医说西医治标不治本，西医称中医为旧医，不科学。但此事使朱仁康深深体会到中西医有互相取长补短的必要。朱仁康凭其学习心得，在行医闲暇写成了《中西医学汇综》，书中内容以中西医病名两相对照，两种学说并列。此书1933年由上海广益书局出版。朱仁康在序文中提出“中西医不可偏废，允宜兼收并蓄，取长补短，融会贯通，共冶一炉”；“征之临床，瑕瑜互见，正宜兼收并蓄，袭彼之长，辅我所短，他山之石，可以攻玉，融会贯通，足资借镜”等主张。对于当时医学界的争论，他极力反对中西医之间互筑壁垒，相互攻讦，主张中西医都要摒弃成见，携手合作。他认为："中西医结合在一起，有一个共同的目标，为发扬、整理、提高中医学而做出努力。在实际工作中，中医辨证、西医辨病（当然中医也讲辨病），是做好中西医结合工作的两个主要环节。要做到这一点，中西医应互相学习。中医要熟悉西医诊断检查的一套方法，西医也要深入了解中医辨证论治的特点。这样，中西医间才有共同的语言，知己知彼，百战不殆。"这些观点，有助于中西医之间的交流与互补。

1929 年，南京国民政府卫生部第一届中央卫生委员会通过了余云岫提出的《废止旧医以扫除医事卫生之障碍案》，朱仁康积极支持陈存仁等 5 名中医师组成代表团赴南京请愿，后经中医界据理力争，祖国文化的瑰宝才免受摧残。

1937 年日军侵华，江南沦陷，汪伪统治建立，百姓遭殃。朱仁康举家迁往上海租界避难，开设门诊。1940 年初，朱仁康受聘于上海信谊药厂，任《国医导报》主编，期间朱仁康利用此刊物作为中西医沟通的桥梁。他将自己的外科心得题名《外科新论》，连载于《国医导报》，文中的外科病以中、西医病名互相对照，综合两种学说做初步的阐发。又写了《国医知新篇》，介绍一些浅近的西医知识，目的是让中医界的朋友知己知彼，共同前进。

朱仁康不仅阐发自己的见解，更利用刊物作为团结、联络同仁的桥梁，他遍访上海名医，组织稿源，与石筱山（伤科）、朱小南（妇科）、张赞臣（喉科）、顾伯华（外科）、陆南山（眼科）、姚和清（眼科）、沈仲理（妇科）等有志于中西医汇通之士相熟。诸同道不定期聚会，切磋医道。陆渊雷、章次公、姜春华等均在这个刊物上发表过论文，力倡中医要取西医之长，为我所用，走中西医结合的道路。刊物在朱仁康的苦心经营之下出版发行3年，学术和社会影响日益扩大，但终因战乱被迫停刊。

20世纪三四十年代，朱仁康共出版了《中西医学汇综》、《家庭食物疗病法》、《外科新论》、《中国药物学新篇》四部专著，与广大医界朋友交流分享。可以说，不惑之年的朱仁康不仅已经成为一位名医，而且还是一位有志于传播中医文化、发扬光大中医传统的办报人，更是一位胸怀天下、有着社会责任心和使命感的社会活动家。

京城召唤　层楼更上

1949 年中华人民共和国成立，这意味着旧时代的结束，新时代的开始。百废待兴，国家的医疗卫生事业也刚刚起步。正值壮年的朱仁康怀着激动的心情积极响应祖国和人民的召唤，热情洋溢地投身于医药卫生事业的建设行列之中。

1952 年，上海市青海路成立公费医疗第五门诊部，服务对象为当地各大专院校教师、机关干部及广大群众。此门诊部汇集一大批沪上中医各科名家宗匠，朱仁康与朱治吉、张赞臣等也在其中，该门诊部后被誉为“名中医摇篮”，现为上海中医药大学附属岳阳中西医结合医院名医特诊部。

20 世纪 50 年代是中国快速发展的黄金时期，国家对中医的重视和投入也逐年增加。党和政府高度重视中医药事业，制定了一系列保护和发展中医药的方针政策，采取了许多有效措施。1954 年，在毛泽东主席关于即时成立中医研究机构，罗致好的中医进行研究，派好的西医学习中医，共同参加研究工作等重要指示下，经过筹建，于 1955 年底，在北京成立了全国第一个中医研究机构——中医研究院。中医研究院受卫生部委托，从全国各地征聘了 30 余位经验丰富、理论水平高的名中医和医学专家来院担任研究及教育工作，47 岁的朱仁康因其医术和声望，亦在其中。朱仁康毅然放弃了在南方的事业和生活环境，先期只身一人来到了无亲无故的北京。

1956 年，中医研究院建院初期，朱仁康受聘于中医研究院西苑医院，任中医外科主任。

此时的外科亦称疮疡外科。

1962年下半年，中医研究院进行机构调整，内、外科研究所分开，外科研究所、针灸研究所迁往广安门内北线阁。1963年初，朱仁康亦调至广安门外科研究所主持中医外科工作（疮疡外科）。同年上半年，随着中医研究院的发展、扩建及机构调整，经卫生部批准，在原广安门以外科、眼科、正骨、痔瘘、针灸为重点的外科研究所及针灸研究所之基础上增设病床，正式成立了广安门医院，后逐步发展成为一所综合性的中医院，朱仁康任外科主任。

过去，皮肤科不受重视，许多人认为这些疮疥小疾伤不了命，加上人民生活得不到保障，很多人无力求医。中华人民共和国成立后，人民的生活水平提高了，又有了公费医疗和劳保医疗制度，病人自然多起来。20世纪70年代，在朱仁康的倡导下，广安门医院设立了皮肤科，朱仁康担纲该科科研攻关和临床施治任务，更能大显身手了。在这一时期，他继续将中西医有机结合，利用西医辅助中医诊治，取得了明显的效果。

在皮肤科中，西医学与中医学的病名并不统一。有人甚至认为中医学只有外科，没有皮肤科。朱仁康坚决反对这种观点。他认为，古人将外科病和皮肤病统称为“疮疡”，在有关“疮疡”的医论医案中积累了大量有关皮肤病的宝贵经验，有治疗原则，有专方专药，还有饮食调养，但是由于历史条件及学术理论体系的不同，这些经验多散见于外科著作中。朱仁康主张对“疮疡”进行分类，把皮肤病独立出来。他提出：“凡在人体体表有形可见的均可归属于外科范畴。中医外科，古称疮疡科，所谓‘疮者皮外也，疡者皮内也，痈者肉之间，疽者骨之里’。疮为皮肤病的总称，包括癣、疥、疮、风、丹之类。疡指肿疡、溃疡及一切外科疾病，包括痈、疽、疔、疖等。”在临床实践中，朱仁康发现中医病名虽比较笼统，给医生和患者带来一些疑惑，而西医把皮肤病分得很细，有1000余种。他便开始借鉴西医之长，先从西医辨病诊断，再由中医辨证治疗。

于是，朱仁康与高徒李博鉴医师翻阅了大量中医古籍，圈点记录每一种皮外科疾病的中医病名，并根据所记载的临床表现与西医病名一一参照，列出辨证治疗原则及方药。此项工作浩繁无尽，理奥趣深，师徒二人深入其中，甘之如饴，足以为后学者之津梁。正是创始者难为用，后起者易为功，病名的中西医对照不仅继承发扬了中医学理论，更便于西医学习中医真谛。

这时，国内医学界的主流意见倡导中西医结合起来共同发展，取彼所长，补己所短。这让一向坚持中西医不分家的朱仁康备受鼓舞，也有了用武之地。在长期的实践和思考中，朱仁康积累了一整套中西医结合的诊病路子。在他看来：治病先由西医明确诊断，注重其科学性，再由中医辨证论治，衷中参西，内外兼治。他先后在皮外科方面总结了多发性疖肿、乳腺炎、脉管炎、药物性皮炎等的治疗经验，制订了多个协定处方，又经过长期应用观察，疗效确切后便在院内推广，共创制经验方50余首。

对于脉管炎，朱仁康认为：本病患者一般都有受寒史，最忌受凉立即火烤或用热水烫，否则极易患本病。此为预防之道，至关重要。本病初期、二期，寒凝血瘀，阻于经络，不通则痛。用药着重温经散寒，通络活血，回阳止痛。晚期寒郁化热，热胜则肉腐、骨烂，应以大剂滋阴益气，清热化毒，以顾步汤、四妙勇安汤等图治，使之尽可能免于截肢。

李某，男，28岁，于1958年11月4日求医。初诊主诉：1958年1月开始左足跟疼痛，随之足趾前半部和足趾亦觉疼痛，后又出现步行后小腿肚胀疼，休息后减轻，间歇性跛行已

10月余，病情日重。1个月前左足小趾趾端形成溃疡，疼痛剧甚，彻夜不眠。患者为翻砂工人，长期处湿冷环境，嗜烟10余年。面色萎黄，形瘦，左足小趾趾端溃疡约1cm见方，少许黄色分泌物，腐肉未脱。足背暗紫色，左足发凉，足背动脉尚能触知。脉滑数，苔黄微腻。

诊断：证属寒凝湿阻，经络痹塞，气血不行而发剧痛，步履艰难。病人正气渐耗，寒郁化热，热胜则肉腐而小趾溃疡。治宜通络和营，清热化湿。

处方：金银花30g，归尾9g，丹皮9g，赤芍9g，炙乳没各4.5g，丝瓜络4.5g，地龙9g，二妙丸9g（包），海风藤9g，犀黄丸9g（另吞）。

二诊：服药8剂，苔黄腻渐化，疼痛减轻，改用四妙勇安汤。当归60g，金银花30g，玄参30g，生甘草15g。

三诊：上药服4剂，疼痛明显减轻，趾端

腐肉犹未脱落，舌心仍见黄腻苔，脉滑数。上方加赤茯苓 15g，生苡仁 9g，3 剂。

四诊：小趾腐去收口，只足下地后尚痛，溃疡面收口处微破，少许分泌物。上方加黄芪 9g，共服 20 余剂，渐见收口。继续观察 3 个月，基本治愈。

对于药物性皮炎，朱仁康也有丰富的治疗经验。药物性皮炎是因药物通过口服或注射等给药途径而引起皮肤黏膜的炎性反应，中医称中药毒或风毒肿，在隋代《诸病源候论》中早有记载："风毒肿者，其先赤痛飙（暴风）热，肿上生瘭浆（水液渗出），如火灼是也。"因其来势迅如风暴，突然而至，故称风毒肿，后世简称风毒。这种病可见皮损有多种形态，如麻疹样、猩红热样、荨麻疹样等，但均系内中药毒，血热沸腾，外走肌肤所致。治疗宜凉血清热解毒，自拟皮炎汤：生地、丹皮、赤芍、知母、生石膏、竹叶、金银花、连翘、生甘草，用以治疗接触性皮炎和过敏性皮炎有满意的疗效。本方为犀角地黄汤（犀角现已代用）合白虎汤组成，一则凉营，一则清气。重用生地、丹皮、赤芍清营凉血；知母、生石膏清胃解肌；竹叶轻清风热；金银花、连翘、生甘草清解药毒。

王某，女，22岁。主诉：3天前因患急性扁桃体炎，在当地卫生院肌注射青霉素40万单位，因以前注射青霉素没有反应，故未作皮试，两小时后脸面、双手臂、前臂及阴部突然红肿，出现水疱，发病后予苯海拉明口服、葡萄糖酸钙静脉注射，未能控制。检查：脸面部灼热红肿，双目合缝，双手及小臂下1/3处红肿，可见集簇的丘疱疹，阴部亦红肿，起小水疱，部分渗出。体温38℃，脉弦滑带数，舌质红，苔薄。中医诊断：风毒肿。西医诊断：药物性皮炎。证属：中药毒之气，发为风毒肿。治则：凉营清气，清热化毒。方拟生地30g，丹皮9g，赤芍9g，金银花15g，连翘9g，竹叶9g，木通6g，知母9g，生石膏30g（先煎），生甘草9g，水煎服。因起水疱，外用生地榆30g，水煎待凉，湿敷患处，每日四五次，每次20～30分钟。3日后复诊，脸面手臂红肿基本消退，阴部肿尚未完全消退，嘱继服前方3剂，3日后全部消退。

朱仁康治皮肤疮毒，也有其独到之处。常言皮肤病虽发于外，而根从内起。肌肤乃机体的一部分，而与整体营卫、气血、脏腑、经络息息相关。外因肌肤腠理受邪，必渐趋于内；内因脏腑有病，亦可形诸于外。内外因相互关联，有时不能截然分开。外因乃外感六淫之邪为外六淫，内因可由脏腑气血功能失调而产生内六淫，大多数皮肤病疮毒与内因有关。尤以内风、湿、热三者为多，如肝主风，脾主湿，心主火（热）更为重要。因此他强调对皮肤疮毒以内治为主。医者审证求因，属风、属湿、属热，或两邪相并。孰轻孰重，加以分析，进而论治。西医对皮肤病辨病较细，病种繁多，不下千余种。中医则辨证论治，病虽不同而证同，可以异病同治；病虽同而证不同，则同病异治。病虽千变万化，但万变不离其宗，不难迎刃而解。举例如下：

例一，偏脑疽。赵某，女，66岁。1956年11月9日初诊。9天前在颈后偏右起米粒大疮头，始痒后痛，肿块日增，平塌不起，颈项转侧不利，饮食不思，精神委顿。检查：颈后右侧可见手掌大肿块，漫肿坚硬，皮色不红，疮不高突，中间脓孔簇聚，犹如蜂窝，但渗血水而无脓，痛苦病容，呻吟不语，脉沉细弱，舌淡苔薄。体温38.2℃，白细胞17600/mm^3，中性粒细胞86%，淋巴细胞14%。中医诊断：偏脑疽。西医诊断：痈。证属高年气血日衰，正虚邪陷。治拟：益气和营，补正托毒。方用黄芪、当归、赤芍、川芎、远志、贝母、炒甲珠、皂角刺。先服1剂。

二诊：证由情志郁结所起，且在邪势鸱张之候，正不胜邪，疮不高突，尚有毒陷之虑。还当托里消肿。方用黄芪、羌活、独活、远志、当归、贝母、茯苓、炙甲片、皂角刺。2剂。

三诊至五诊：补正托毒之后，脓毒透泄，肿痛俱减，热势挫，精神振，仍宗前方加赤芍、忍冬藤、草河车等，继服8剂，外用祛腐生肌药，不久即愈。

此例年届高龄而患大疡，平塌不起，正虚不能托毒外腐成脓，势必毒陷生变，方以补托并进，得挽颓势。

例二，浸淫疮。柴某，男，38岁。1970年9月2日初诊。3年前冬季，两小腿开始起两片集簇丘疱疹，发痒渗水，久治不愈，范围愈见扩大。去年冬播散至两前臂，今年秋已延及全身。症见胃痛腹胀，纳食不思，便常完谷不化。平时不敢食生冷水果。检查：胸、腹、后背、四肢可见成片红斑水疱，渗水糜烂，瘙痒无度，搔痕结痂。脉缓滑，舌淡苔薄白腻。中医诊断：浸淫疮。西医诊断：泛发性湿疹。证属：脾阳不振，水湿内生，走窜肌肤，浸淫成疮。治拟：温阳健脾，芳香化湿。方用苍术、陈皮、藿香、蛇床子、淫羊藿、桂枝、猪苓、茯苓、泽泻、六一散。10 剂。

二诊：药后皮损轻，渗水少，瘙痒减，仍见纳差便溏，宗前法。方用苍术、炒白术、藿香、陈皮、猪苓、茯苓、炒苡仁、山药、淫羊藿、蛇床子、肉桂末（冲）。10 剂。

三诊、四诊：躯干皮损显见减轻，四肢皮损亦趋好转，大便成形，胃纳见馨，舌苔白腻渐化，仍宗健脾理湿，以期巩固。方用苍术、陈皮、炒白术、藿香、茯苓、泽泻、车前子、扁豆衣、炒苡仁。续服 20 剂后痊愈。

此病缠绵三载，突出证候为脾阳不振，水湿泛滥为患。每临冬令，病即加重，说明交冬阳气衰微之故。抓住其主要环节，采用温阳健脾、芳香化湿之法，服药 40 余剂，3 年痼疾，终告消除，脾胃症状，亦皆霍然。4 年后随访，亦未复发。

因其对中医学的开拓和钻研，朱仁康多次受到表彰。1958 年，获卫生部颁发的“医药卫生技术革命先锋”奖章。1959 年 5 月，卫生部任命朱仁康等 30 余位医学精英为中医研究院院务委员会委员。

1959 年 12 月，经周恩来总理批示，朱仁康受卫生部委托，携徒一位赴朝鲜执行出国医疗任务，为金日成首相诊治，为期两年半。他精湛的医术、高尚的医德，给朝鲜党政军民留下了美好的印象，直至 2005 年金日成首相的亲属访华期间还欲拜访朱仁康，而那时朱仁康已过世 5 年。此外，朱仁康曾多次担任过党和国家领导人的医疗保健任务。

不管荣誉多高，朱仁康始终没有忘记自己

是一名救死扶伤的医生，也始终没有忘记自己是一位中医的继承者。1964 年，朱仁康到中央社会主义学院学习，为期 1 年。1965 年～1967 年他到山西稷山农村疾病研究所，开展农村常见病及多发病的防治工作。1969 年再次去山西稷山。1971 年回到北京后，朱仁康又继续抓住一切机会钻研医学。

1949 年后的这一阶段，朱仁康临证之余笔耕不辍，不断总结、整理医学成果，先后出版了《痔疮与瘘管·中药疗法》（上海中医书局，1954 年出版）、《实用外科中药治疗学》（上海千顷堂书局，1955 年初版；上海卫生出版社，1956 年再版）、《痔瘘中医疗法》（人民卫生出版社，1958 年第一版）等著作。从这些著作中，我们可以清晰地看到一代名医的钻研历程和沧桑岁月。

辨证施治　精益求精

使得朱仁康的医术突飞猛进的一个重要因素，就是朱仁康在世界观以及思维层次上的不断提高。他结合早年建立的中医整体观和辩证法，运用马克思主义哲学，学之有所思，思之有所用。

朱仁康注重实践，擅长从实践中摸索经验。在他看来，学习中医基本理论及前人经验是十分必要的，但绝不能脱离实践。因为基础理论若不结合临床实践加以阐发验证，就不易深入，碰到实际问题，就无法处理，所谓“熟读王叔和，不如临证多”。前人学说，并非都是金科玉律。学派不同，立论各异，各有所长，各有所偏，往往瑕瑜互见。既要尊重古人，亦不迷信古人，必须在实践中参悟所学、检验所学。

同时要把握事物的一般规律和特殊性。人们认识事物，有两个过程，就是从特殊到一般，又从一般到特殊。认识疾病也是一样，例如中医所说的异病同治和同病异治，就是这个道理。在临床中要大量积累病例，首先从中找出其普遍性（共性），拟定通用方，经过验证，便于推广。其次是找出其特殊性（个性），寻找规律，进行辨证论治。个别情况亦可求大同存小异，进行加减。这样从一般到特殊，又从特殊到一般，反复实践、认识，再实践、再认识，才能不断前进。

朱仁康组方用药，认为经方、成方，贵在运用得宜，圆机活法，而不应一成不变。他自己拟定的常用经验方，是经过长期的临床实践、经验积累，筛选而成，故取精而用宏。一方少则一二味，如苍术膏，多亦不过十味。诸方中常用生地，量重时 30g，每方皆能做到理明、法清、方简、药精，目标明确，箭无虚发，庶能击中要害，药到病除。

此外，在外科领域里，阴证转阳证，阳证变阴证，亦并不少见。朱仁康运用温病理论、卫气营血之说来处理皮肤过敏诸症，如药疹、皮炎，拟以犀角地黄汤（去犀角）合白虎汤及清热解毒药组成的皮炎汤，投之速效。对红斑狼疮、天疱疮等，也善用温病治法处理。朱仁康在临床中，还常采用消托兼施、攻补并进的方法，亦是这个道理。他认为，读前人书，要经过思考，学其合理部分，舍其偏见之处。就治疮疡三大法之消、托、补而论，能消则消，不能消则托，此乃常法。但在具体运用中，应灵活掌握，不可拘泥。清代名医王洪绪有“以消为贵，以托为畏”之戒，亦不可迷信。王洪绪治疮疡以犀黄、醒消、小金丹之类，以期内消，免于刀针之苦，是其可贵之处。若治之已晚，能消者无几，常以消托兼施之法，间有可消之机，即使不克内消，亦能移深居浅，脓泄而愈，乃是上策。以仙方活命饮为例，其是消托兼施之剂，未成可消，已成速溃。可用托法，如疔疮火毒结聚，坚不化脓，肿势扩散，则宜清托，使其疮头早破，疔毒外泄，不致内窜走黄。又如脑疽发背，疡不高肿，平塌不起，则宜补托（补正托毒），不致正虚毒陷。此外，予治肠痈（阑尾周围脓肿）、瘰疬等症，亦用消托兼施之法，达到内消目的。

朱仁康的辩证思想帮助他提出了“滋阴除湿，并行不悖”的观点。如湿疹皮炎，是皮肤科常见病、多发病，症见潮红、丘疹、水疱、糜烂、黄水淋漓等，周身部位均可发生，瘙痒难忍。中医对湿疹皮炎的命名繁多，如浸淫疮、血风疮、恋眉疮、旋耳疮、胞漏疮、掌心风、肾囊风、四弯风、面游风、白屑风等。朱仁康提出，这些病以统称湿疹为好。他认为，湿疹皮炎的病因病机与湿、热、风有关。脾主湿，脾运不健，水湿内生；心主火及血脉，心火亢盛，导致血热，湿热相结，而成湿疹。此外还有血热风燥，心火内炽，外受于风，风湿相搏，毒热入营等。

朱仁康提出，治疗湿疹要滋阴除湿，这看起来似乎有所矛盾。人们往往以为滋阴可以助湿，利湿反又伤阴。过去对这种病，束手无策，只认为湿疹不离湿，用片面的、静止的观点看问题，常用苦寒燥湿或淡渗利湿的方法来处理，结果越治越坏。原因是没有认识到长期不愈、渗水日久而重伤其阴，矛盾已经转化，出现舌绛，苔光剥等证。朱仁康由此考虑到用滋阴的方法，但他又注意到，如单用滋阴，难免助湿。于是，最后采用了滋阴除湿同时并用的方案，用生地、玄参、丹参等滋阴而不助湿，茯苓、泽泻除湿而不伤阴，随时分析、调整，针对病机。总的说来就是以滋阴养血和营之药补阴血之不足，防渗利之品过于伤阴；又以健脾利湿、祛湿止痒之品祛湿邪之有余，制滋补诸品之腻滞。诸药合用，使湿去而无伤阴之弊，阴复又避助湿之嫌。标本兼顾，滋渗并施，滋阴与除湿并行不悖。此法别具特色而疗效甚佳。

朱仁康同时强调，治疗过程中，不可泥于一方一药。因为患者体质不同，病情各异，临证之时，尤应辨证施治，阴伤较重时着重滋阴，湿象明显时着重除湿。只要认证准确，增减适宜，终能见功。朱仁康以此方为基础，随证加减，使众多慢性湿疹患者解除痛苦，尤其对于阴囊湿疹疗效显著。

有代表性的病例是一位赵姓男性患者，此人年近八旬，双膝下至足背泛起湿疹 6 年余，反复发作，皮肤已呈暗褐色，表面粗糙，覆有干痂皱皮，自觉小腿紧胀刺痒，搔抓处糜烂渗水，被其他医院诊为慢性湿疹，经中西药调治，疗效不显。初诊时，自述刺痒难忍，反复搔抓，糜烂增加，渗水较多，结痂连接成片，干燥脱落，此起彼伏，痛苦异常。伴有咽干口渴，大便干，舌质红、苔薄黄，脉沉滑。诸症纷纭，虚实相兼，然以湿热诸症较为突出。朱仁康最初予龙胆泻肝汤化裁以清热利湿，外用生地榆、黄柏，水煎湿敷患处。5 日后复诊，诸症同前。考虑其湿热久羁，非几日所能清利，所以仍按原方内服外敷。三诊继服（敷）10 日，发现其症状仍有增无减，口燥便干、痂皮脱落更甚，患处湿敷则渗水止，停敷又渗水，刺痒难忍，夜不能寐。朱仁康认为，利湿而湿不除，清热而热象反甚，治不中的，必有他因未发现。遂细细观察，见其形体羸弱，肌肤干燥失润；虽口咽干燥，但饮水不多；舌质红绛而少津，脉沉滑细无力。此乃阴虚于内，湿盛于外，本虚标实之证，法当滋阴除湿。处方：生地黄 30g，当归 12g，丹参 15g，玄参 12g，茯苓 10g，泽泻 10g，白鲜皮 10g，蛇床子 10g，水煎服，每日1剂。7日后复诊：咽干口燥好转，刺痒稍减，效不更方，连服半月，患者瘙痒明显减轻，夜卧转安，患处糜烂渐收，大片痂皮脱落，唯肤色变化较慢。此后，在原方基础上加红花、牛膝、黄柏以活血化瘀，清利下注之湿邪，或酌配砂仁、陈皮理气调胃，以防生地、玄参久用滞脾碍胃之弊。坚持治疗半年多，双下肢皮肤恢复正常，唯留有色素沉着，基本治愈。

朱仁康临证还有个特点，就是局部病变不忘整体。中医学认为，人是一个有机的整体，在治疗局部病变时，也必须从整体出发，采取适当的措施。如，心开窍于舌，心与小肠相表里，所以可用清心泻小肠的方法治疗口舌糜烂。如“从阴引阳，从阳引阴，以右治左，以左治右”（《素问·阴阳应象大论》）；“病在上者下取之，病在下者高取之”（《灵枢·终始》）等等，都是在整体观指导下确定的治疗原则。皮肤虽位于身体表面，但是与机体的内在息息相关。

朱仁康秉承了古人“治外必本诸内”的学术思想，认为皮肤病的发生是整体病变在体表局部的反映，因此，治疗时必须从整体出发，全面认识皮肤病的病因病机，既要重视皮肤表面的病理改变，更要重视脏腑气血的失调。

老当益壮　敢于攻关

1972 年，年逾花甲的朱仁康，在广安门医院创建了皮肤科，使皮肤病诊治更加专科化，并担任皮肤科主任。之后，中国迎来了改革开放的新时代，人们的身心得到了解放，创造力得到了更大的发挥。朱仁康也进一步解放思想，活学活用，迎来了他医学事业辉煌的第二春，直到 1988 年 80 岁高龄退休。他在这一阶段一直积极承担疑难杂症和重大科研项目的攻关工作，研制出治疗皮肤病顽疾“银屑病”的良方——克银Ⅰ、Ⅱ方，又总结完善了对湿疹皮炎、药物性皮炎的治疗方法，并总结归纳了一些独特有效的秘方验方。

银屑病，俗称牛皮癣，是常见而难治的皮肤病（其中关节型少见）。传统中医药治疗效果不显，西药治疗常用白血宁、争光霉素、乙亚胺等抗肿瘤药物，近期疗效虽好，但毒副作用大，复发率高，病人十分痛苦。在很长一段时期此病的临床治愈率一般在40％左右。广安门医院皮肤科从1972年开始将银屑病列为科研课题之一。朱仁康查阅典籍，发现中医把本病列入风门或癣门，统称“白疕”。如《外科大成·白疕》云：“白疕，肤如疹疥，色白而痒，搔起白疕。俗称蛇虱，由风邪客于皮肤，血燥不能荣养所致。”他吸取前人的经验，结合自己的医疗实践，本着“皮肤外科诸症应着重内服药治疗”的原则，指出本病的主要成因以血热为主，血热生风，或外感风邪，风盛血燥则皮肤潮红，白屑飞舞，亦有因风燥日久，伤阴耗血，致肌肤失养，白屑迭起。故治疗本病时，亦应抓住血热本质，以解毒凉血、滋阴清热为主。用大青叶、山豆根、草河车、连翘、黄芩清热解毒；生地黄、丹参、麻仁、玄参滋阴凉血，泻火润燥；白鲜皮祛风止痒。诸药合用，共奏其功。临证不仅适于关节型银屑病，对其他类型者，凡病程日久，皮损干燥，基底色红，鳞屑层层均可用本方进行治疗。

王某，男，56 岁。患银屑病 24 年之久，冬甚夏轻，曾到北京、河北、天津等多处医院治疗。询问病史，于 24 年前，不明原因，头皮及发际处瘙痒，皮损呈扁平斑片状，基底色鲜红，小如钱币，大如鸡卵，上覆白色干燥的鳞屑，剥脱后可见筛状出血点。逐渐发展，蔓延全身。以四肢伸展侧及臀腰部为甚，双膝关节疼痛，尤以手指关节肿痛变形。曾在几家医院确诊为“关节型银屑病”，服用过维生素 B_{12}、维生素 C、维生素 D_2、乙亚胺等各种西药。察其皮损，分布于头皮、胸、背、腰臀及四肢伸侧等处，呈钱币状、地图状，大小不等。尤以肘膝处皮损较大，在关节伸侧约有 8cm×20cm 大小，皮损基底色红，鳞屑中等厚度，有轻度痒感。为慎重起见，又重新做病理以及血、尿、免疫学检查等，都符合其他医院诊断。诊其舌红，苔薄黄，脉弦滑。自述指、趾关节肿痛。根据其病史叙述及四诊所得资料，按中医辨证论治，属于血热风燥。故拟清热解毒、滋阴凉血法。处方：生地黄 30g，玄参 10g，丹参 10g，大青叶 10g，黄芩 10g，麻仁 10g，连翘 10g，草河车 10g，山豆根 10g，白鲜皮 10g，水煎服，14 剂。半月后复诊，自述新皮损未见，瘙痒减轻，再进 14 剂后，皮损减薄，中心开始出现正常皮肤。原方再投 7 剂，皮损明显减轻，除肘、膝关节处皮损外，已基本痊愈。残存关节处皮损，亦较治疗前减薄，中心已出现散在正常皮肤，关节已不疼痛。因患者家住较远，自购原方 20 余剂再服。来诊时残存皮损基底色淡，上覆白屑已近平复，无明显自觉症状。为巩固治疗，嘱其再服原方一二十剂，基本治愈，后未再复发。

朱仁康还研制了治疗银屑病的中成药。他和邹铭西、李博鉴、李林、朱毅等中西医师一起，用了10年时间潜心研究，选用抗癌中草药制成丸剂、膏剂、片剂、注射剂和汤剂等多种剂型，进行观察对比。共观察了250例，以汤剂疗效最好。经过辨证，将银屑病分为血热风燥、血虚风燥两型，制成克银Ⅰ、Ⅱ方，并配合实践，采用电子显微镜进行银屑病皮损治疗前后的超微结构研究。临床治愈率达到65.7％，总有效率为94％，复发率只有5.4％，明显低于其他疗法。著名中西医皮肤科专家赵炳南、王光超等认为，“克银方”具有疗效高、副作用少、方法简便、复发率低等优点。这一成果荣获卫生部1983年甲级成果奖。1984年，广安门医院将“克银方”转让给北京中药五厂制成“克银丸”推向市场，疗效较好，成为该院第一个成功转让的科技成果。这项合作获得北京市优秀科技协作奖，取得了较好的社会效益与经济效益。

对于治疗湿疹皮炎，朱仁康在辨证施治和钻研的基础上继续深化，形成了一套完备的方法，可称独门绝技。他翻阅了众多医学典籍，结合临床数十年经验，从四诊八纲、气血脏腑等辨证方法入手，尤其重视皮损形色的辨别，例如丘疹、水疱、糜烂、渗液均属湿热为患；皮肤瘙痒起红丘疹，一抓就流水但不太多的为风湿；上身多见的为风重湿轻，下身多见的为风轻湿重。治法多用利湿清热，健脾化湿，滋阴除湿，凉血清热，消风润燥，祛风胜湿，凉营解毒等。他精心配制的滋阴除湿汤对治疗久治不愈，反复发作的亚急性或慢性湿疹，例如阴囊湿疹、婴儿湿疹、脸部脂溢性皮炎等颇有疗效。

滋阴除湿汤药物组成：生地黄 30g，玄参

12g，当归 12g，丹参 15g，茯苓 9g，泽泻 9g，白鲜皮 9g，蛇床子 9g。功效：滋阴养血，除湿止痒。主治：亚急性湿疹、慢性阴囊湿疹、天疱疮等反复不愈，日久伤阴耗血，舌淡苔净或光剥者。

他把湿疹辨证治疗的经验加以总结，撰写了数篇论文，发表在国内权威杂志上。又与中医研究院有关部门和吉林大学合作完成“名老中医智能模拟应用软件朱仁康中医专家系统ZRK－82（湿疹皮炎部分）”，1983 年在北京通过了电子计算机《朱仁康中医专家系统》成果鉴定。此系统记录了朱仁康治疗湿疹皮炎的独到之处。将湿疹按照医理分为发病部位、皮损表现、瘙痒程度、脾胃症状、脉舌、二便等几个方面；按辨证分为湿热、小儿湿热、脾湿、小儿脾湿、伤阴、血燥、血风、风湿、湿热轻型、毒热入营等 10 个证候。输入了各证候的治疗方法、基本方及加减。比如，湿热证候的基本方为：生地黄 30g，当归 10g，龙胆草 10g，黄芩 10g，赤苓 10g，泽泻 10g，六一散 10g，车前子 10g，木通 6g，每日 1 剂，水煎 2 次服。此外，还输入了辨证论治要点、外治法、注意事项、朱仁康逻辑思维特点等方面的详细资料。试制软件的过程中，用了 365 份病历进行验证，符合率达到 97%，使朱仁康的治疗经验得以推广，这是朱仁康治疗湿疹皮炎经验的进一步升华。此项研究获得中国中医研究院科技进步三等奖。

总结数十年的施治经验，朱仁康注意到气血变化及风湿热邪对皮肤病的影响。“气主煦之，血主濡之”，皮肤的健康有赖于气血的温煦濡养。气血不调，运行不畅，则“腠理开，毛发残”，疾病由生。朱仁康认为，皮肤病的发生与营血关系非常密切，临床上多见血热、血虚、血瘀、血燥四证。例如，血热偏盛，壅遏肌肤，则成白疕（银屑病）；营血虚弱，爪失濡润，而生甲病；邪阻经络，气滞血瘀，着于皮肤，则为皮痹（硬皮病）；血燥生风，肌肤失养，而为风热疮（玫瑰糠疹）。

对于皮肤病，他又提出六淫致病学说，主张将六淫分为内六淫、外六淫，而尤其重视内因致病。他常说："内因外因互相关联，不能截然分开，而以内因为主。"根据皮肤病的致病特点，朱仁康认为风、湿、热三者致病居多。内风、内湿、内热系由脏腑气血功能失调所生，为发病的基础，为疾病之本；外风、外湿、外热属外感六淫邪气，为致病的条件，为疾病之标。内在风湿热的存在往往易招致外在风湿热的侵袭；相反，外在风湿热的侵袭又会引动内在风湿热，相互搏结，壅于体表肌肤而发病。内风的产生多责之于肝，内湿的产生多责之于脾，内热的产生多责之于心，因此，朱仁康亦非常强调脏腑辨证，尤其注重心、肝、脾三脏。他常指导年轻医师说，如果把皮损所在部位及其形色结合分析，对皮肤病的性质和所属脏腑病变才可窥其全貌；再综合全身症状进行分析判断，虽不能尽愈诸疾，庶可以见病知源。

朱仁康重视脾胃学说，重视忌口，并擅长以此指导皮肤病治疗。《灵枢·经脉》云："胃足阳明之脉……是主血所生病者……口㖞唇胗。"其中的"胗"即指皮肤病。朱仁康认为脾胃的每一生理功能失调所导致的病理变化，均与皮肤病息息相关，因此在临证之时尤须重视调理脾胃。脾主湿而恶湿，因此对于浸淫疮（急性湿疹）、天疱疮（大疱性皮肤病）等浸淫四窜、脂水频流，中医辨证为湿热内蕴者，都采用清理脾胃湿热之法治疗。脾主化生气血，转输津液，对于皮损干燥粗糙、角化皲裂的皮肤病，例如毛发红糠疹、掌跖角化病、干性婴儿湿疹等，均可责之于脾，治疗当以补益脾气，养阴润燥，健脾助运为法。脾为生痰之源，凡皮里肉外，如鸡卵浮于水中，软活不硬之结节、囊肿、良性肿瘤等，均可归属于中医痰核的范畴，治疗时常用化痰软坚、健脾利湿法治疗。脾主统摄血液，凡皮疹紫暗平塌，压不褪色，伴有气血不足之证者，常以益气摄血、引血归脾之法调治。脾主四肢肌肉，开窍于口，凡四肢病变、肌肉之疾、口周皮疹，多可以调理脾胃之法治疗，常获良效。

朱仁康认为，损伤脾胃成因虽多，以饮食不节、寒温不适者最为常见。《难经·十四难》云："损其脾者，调其饮食，适其寒温。"因此，调理饮食、保护脾胃对预防及治疗皮肤病尤为重要。许多皮肤病都是由于禀赋不足，食禁所发。朱仁康非常欣赏《外科正宗》所言："凡病虽在于用药调理，而又要关于杂禁之法……鸡、鹅、羊肉、蚌、蛤、河豚、虾、蟹……海腥之属，并能动风发痒……不减口味，后必疮痒无度。大疮须忌半年，小疮当禁百日。"调理脾胃，重视忌口，亦体现了中医"治未病"的思想，对于治疗和预防皮肤病，尤其对某些食物过敏而发病者，更是至关重要。

朱仁康秉承师法，总结前人及自己多年经验，并在此基础上创立名方乌蛇驱风汤、皮炎汤，以搜风清热与清气凉营法辅助。

乌蛇驱风汤组成：乌蛇 9g，蝉衣 6g，荆芥 9g，防风 9g，羌活 9g，白芷 6g，黄连 6g，黄芩 9g，金银花 9g，连翘 9g，甘草 6g。以甘平无毒、善行走窜的乌蛇为君，《开宝本草》谓其“治诸风顽疾，皮肤不仁，风瘙瘾疹，疥癣”，辅以蝉衣甘寒灵动透发，搜剔隐伏之邪；并重用荆芥、防风、白芷等风药疏风透邪，使久郁之邪复从肌表外达，更佐以黄芩、黄连、金银花、连翘以清解郁热。朱仁康的搜风清热法针对风邪久羁，郁蕴化热而设。凡风湿热之邪，蕴伏于肌腠之间，日久未经发泄，而致皮肤瘙痒剧烈，历久不愈，诸药不应的顽固性皮肤病，如慢性荨麻疹、泛发性神经性皮炎、皮肤瘙痒症、扁平苔藓和结节性痒疹等，均可用此法治疗。全方立法鲜明，用药精到，临床应用，每获良效。

一年轻女性患者，全身出现绿豆及黄豆大小结节1年，质地韧实，瘙痒无度，夜不能寐，四处求医，不能缓解。朱仁康据其皮损及舌脉辨证，诊为马疥（结节性痒疹），中医辨证为风湿结聚，凝聚皮里肉外，予乌蛇驱风汤治疗。5剂后瘙痒明显减轻，原方加当归、赤芍，继服10剂，瘙痒尽除，结节平复。停药半年后又见瘙痒，仍服原方7剂而愈。

皮炎汤以清气凉营法为主旨。组成：生地黄30g，丹皮10g，赤芍10g，知母10g，生石膏30g（先煎），金银花10g，连翘10g，竹叶10g，生甘草6g。药物性皮炎、日旋光性皮炎、接触性皮炎等疾病均可见大片焮红艳赤，触之灼热，甚则燎浆起疱，血水淋漓等皮损症状。对于此类病证的治疗，朱仁康认为应辨证为血热壅盛，外发体肤。治疗上，他根据叶天士《外感温热篇》中的论述，“在卫汗之可也，到气才可清气，入营犹可透热转气……入血就恐耗血动血，直须凉血散血”，把卫气营血学说及代表方剂，择其精要，有机组合，自拟“皮炎汤”。该方实际由银翘散、清营汤、犀角地黄汤（犀角现已代用）、白虎汤合方化裁而成，因犀角贵重，现已立法禁用，改以大剂量凉血之品清营凉血，以清胃解肌之品“透热转气”，并酌加清轻风热、清热解毒药物，共达清热凉血、解毒透疹之效。

例如，一老年男性，因口服痢特灵，全身出现大片红色风团及红色粟粒样丘疹，瘙痒甚剧，伴有高热寒战，烦躁不安。朱仁康审其证脉，辨证为内中药毒，毒热生风。予以“皮炎汤”治疗，2剂后皮疹渐消，热退身轻。原方再进，5剂后皮疹全部消退而愈。因“皮炎汤”效卓而药简，目前仍广泛应用于临床。

朱仁康在应用本方时，亦指出注意事项。他认为，对于此类病证的治疗，切忌妄投羌活、白芷、防风等辛温散风之品，如误用势必风火相煽，加重病情。其门生李博鉴将其经验整理并发扬，写成《皮炎汤在皮肤病中的应用》一文，发表后从之者众。

除此之外，朱仁康还总结了一些民间智能，整理了一些专治某种疑难杂症的秘方验方，现选取一些摘录如下。

一、加减逍遥丸

当归 30g，白芍 30g，白术 30g，茯苓 30g，丹皮 4.5g，炒栀子 45g，甘草 30g。功能主治：滋养肝血，主治肝经血燥，爪失所养。服法：共研细末，水泛为丸，每次 6～9g，日服 2 次，开水送服。

二、止痒永安汤

荆芥 9g，防风 9g，麻黄 6g，桂枝 9g，白芷 6g，羌活 9g，蝉衣 6g，当归 9g，赤芍 9g，桃仁 9g，红花 9g。功能主治：祛风散寒，活血和营，治冷激性荨麻疹。服法：水煎服。

三、宁荨丸一号

生地黄 300g，当归 90g，荆芥 90g，蝉衣 60g，苦参 90g，白蒺藜 90g，知母 90g，生石膏 150g，紫草 90g，桃仁 90g，生甘草 60g。主治：急慢性荨麻疹。服法：研细末，炼蜜为丸，每丸重 9g。每日服 2 次，每次服 2 丸。

四、宁荨丸二号

生黄芪 310g，防风 250g，炒白术 250g，桂枝 310g，白芍 310g，生姜 150g，甘草 150g，大枣 310g。主治：寒冷性荨麻疹（遇风冷即起）。服法：研成细末，炼蜜为丸，每丸重 9g。每日服 2 次，每次服 2 丸。

五、活血祛风汤

归尾 9g，赤芍 9g，桃仁 9g，红花 9g，荆芥 9g，蝉衣 6g，白蒺藜 9g，甘草 6g。主治：慢性荨麻疹，皮肤瘙痒症。服法：水煎服。

朱仁康通晓中医典籍，善于理论联系实际，在几十年的医疗实践中，认真总结前人经验，在继承传统的基础上，勇于创新，外病内治，治疗了许多皮肤科疑难病症，因其造诣深和贡献大成为国家关心、群众爱戴的一代名医。

著书育人　薪火相传

改革开放以来，虽然已近晚年，但是朱仁康依然手不释卷，笔耕不辍，愿将自己几十年来积累的宝贵医学经验传于后人。他不仅坚持亲临门诊第一线，而且诲人不倦，不断总结经验得失，毫不保留，将其毕生经验编纂成册，广泛发行于海内外，为中医学事业做出了杰出的贡献。他亲自或指导撰写了《关于苍术的疗效》、《225例各型湿疹证因论治的探讨》、《药物性皮炎的治疗经验》、《“克银方”治疗银屑病的临床研究》等数十篇学术论文，在医药界引起很大反响。他还编有《朱仁康临床经验集》、《中医外科学》等，系统论述了中医皮外科学各疾病的病因病机、临床表现、诊断及辨证施治，极大地推动了中医皮外科学的发展。

1978年，《朱仁康临床经验集》一书完成。该书总结了朱仁康对疮疡外科分类的见解及对中医皮肤病以辨皮损为主，结合四诊、八纲辨证的临床经验；总结了朱仁康立足于卫气营血、脏腑病机、风湿热燥等对中医皮肤病辨证的见解及临床应用经验；总结了朱仁康对于滋阴除湿、搜风清热、凉营清解等法则的独特经验；总结了朱仁康对中医疮疡外科的处方用药规律、外用经验方的配制经验等。该书较全面地反映了朱仁康辨证论治的学术思想、丰富独到的临床经验及处方用药规律，亦反映了朱仁康平时勤奋工作、认真实践、善于总结、敢于创新的精神风貌，是一本很好的继承名老中医经验的著作，达到同类著作的先进水平。尤其书中附有大量临床病案，方便后学之士揣摩，很受读者欢迎。该书20余万字，1979年由人民卫生出版社出版，一经问世，即受到医学界和广大患者的极大欢迎，并流传至美国、日本、新加坡、马来西亚及香港、澳门、台湾等地。1982年荣获中医研究院科技进步二等奖。

1985年，朱仁康为了进一步弘扬中医皮外科学，邀请全国15个省市20余家中医皮外科教学研究单位的专家教授，亲任主编，共同编写《中医外科学》。该书本着以中医理论为纲要，古为今用，理论与实践相结合的原则，系统阐述了中医外科、皮肤科的发展概况、疾病分类、病因病机、辨病辨证、治疗护理等内容，在广度和深度上反映了现代中医外科学的学术水平、科研进展，同时反映了全国各家流派的不同学术思想、观点及临床经验，有一定的代表性。该书被国内外同仁誉为“具有系统性、科学性、先进性、实用性，是一部中医外科医疗、教学、科研的参考书，一部继往开来、代表全国中医外科水平的专著”。全书共155万字，历时两年完成，1987 年由人民卫生出版社出版。1988 年荣获中国中医研究院科技进步三等奖。此书的出版，对中医药的继承发扬起到了重要作用。

朱仁康不仅医术高超，著书立说，他的人品更是为人所钦佩和称道。和很多老中医专家一样，他也拥有传统文化中高洁的品格，高尚的医德，淡泊名利，兢兢业业。改革开放后，国家开始为各行业的职工按比例涨工资，朱仁康当时的工资是卫技四级（已有 20 多年），论资历、论成果他是完全可以涨一级的，而且这一级（卫技三级）在那个时期是荣誉和贡献的象征。但当领导找到他，请他把名额让给另一位专家时，他坦然接受，毫无怨言，这一让就直到退休。

《朱仁康临床经验集》于 1979 年由人民卫生出版社出版，出版后很快售罄，来院进修的医师，只能整本复印医院图书馆的藏书，因反复复印，藏书受损，多次修补。一位来自台湾的进修医师，看到这种情况，在台湾买了20本《朱仁康临床经验集》，送给朱仁康所在皮肤科的医师及进修医师，大家如获至宝。高兴之余，一位医师发现这本由台湾某出版社出版的上面标有“版权所有，违者必究”的书竟是盗版，随即报告朱仁康是否通过合法的渠道与对方打侵权官司，朱仁康对此一笑置之。

朱仁康为人谦和，对待患者认真负责，在他面前的只有患者，而无高低贵贱之分。无论是为党和国家领导人、海外友人诊治，还是为普通平民百姓治病，他都一视同仁。把为领导人看病视为执行中央医疗保健任务，从不炫耀，更不托关系为自己办事。有一年冬天的夜晚，朱仁康接到出诊任务，由相关人员接他飞抵呼和浩特。一位首长的夫人得了急病，经过诊断处方，患者服药1剂，顿见起色，病情减轻大半，继服汤药后趋于稳定，完成任务返京。之后首长夫人每到北京都来看望朱仁康。

又如20世纪70年代，一位山西妇女身患硬皮病，到各地求医均无效，经人指点抱着一线希望向朱仁康求治。由于患者长期请病假工资甚少，再加上治病花费了多年的积蓄，来京时身上费用已所剩无几。朱仁康得知此事，深表同情，除了精心为其诊治外，尽量从患者的角度考虑，选用价格廉、疗效好的药物。经过一段时间的用药，患者的病情得到了控制，朱仁康又开了处方为她长期调治，终于痊愈，让其非常感动。后来她随儿子到北京居住，由于对朱仁康的信任，无论内、外科的疾病都要找朱仁康诊治，每每看完病便将朱仁康开的方子保存起来。直到朱仁康去世后，她仍自己视病情照方抓药，疗效显著。

因为医术高明，一些海外友人慕名而来请他治病。当对方拿出礼金酬谢他时，他总是婉言谢绝；对于一些医疗机构高薪请他赴国外行医时，他婉拒道，他的患者在国内；但对于普通平民百姓，他却是有求必应。朱仁康 80 岁高龄才退休，退休后仍坚持每周出门诊两个半天。医院考虑他的身体实行限号看病，但当患者远道而来未挂上号恳求他加号时，他不顾自己年事已高，总是尽量满足患者的需求，经常加号，让不少患者感动不已。了解朱仁康的人都知道，他主张运用小方小药，尤其推崇简、验、便、廉的方药，深受百姓喜爱。

身为中医学传人，当中医面临危机的时候，朱仁康把总结和传承名老中医经验视为一种迫切的抢救工作和责任。在《朱仁康中医专家系统》通过鉴定之后，他说：“我今年（1983 年）已经 75 岁了，作为一名共产党员，一名老中医，总想在有生之年为人民多做些贡献。‘专家系统’输入我的湿疹皮炎治疗经验，这只是一个开头。我还有大约 10 种其他疾病的治疗方法可以输入电子计算机，但输入一种最快也要 1

年，我还有多少年啊！真希望再快一点，恨不得把自己的经验都掏出来。”

在这种使命感的驱使下，几十年来，朱仁康在治学的同时不忘传道，他在培养中医、西学中人才方面倾注了大量的心血。除了年轻行医时就带出高徒外，他在中国中医研究院西学中班坚持授课几十年，从建院之初执教西学中班开始，到带研究生、进修生，以至许多外国留学生纷纷慕名而至，经他培养的学生不计其数，遍布国内及世界许多地方，可谓“桃李满天下”。

1978年国家开始恢复研究生招生考试，朱仁康作为中医研究院首批研究生导师，开始进行带教培养工作。1981年11月，国务院学位委员会公报发布首批博士学位授予单位及其学科、专业和指导教师名单，朱仁康作为中医研究院5名博士研究生导师之一（中医外科学——皮肤科专业）亦列其中；1983年12月，他被卫生部批准为中医研究院新的学位评定委员会委员；1990年，经人事部、卫生部、国家中医药管理局批准，他作为全国500名具有独到临床经验和技术专长，且在中医界享有盛誉的中医药专家之一，被确定为首批全国老中医药专家学术经验继承工作指导老师。

几十年来，朱仁康一直毫无保留地将自己的学术心得、临床经验传授给他的学生及跟其临证的医师，特别是对来自边远地区的进修医师，疑难病症见得不多，有些人基础较差，在传授中不免要花费更多的精力。他总是耐心地给予讲解，不少人跟朱仁康抄方，进修完带走厚厚一摞朱仁康的经验方。这些人回到当地医院，大都成了皮肤科的业务骨干。

如今，朱仁康的很多学生已成为中医的学术带头人、著名专家及业务骨干，他的两位硕士研究生李博鉴、李林承其衣钵，现已是蜚声海内外的中医皮外科专家。很多后学之士，包括外国留学生登门求教，他从不拒绝，悉心指点，从无门第之见。他也得到了学生们的尊敬和爱戴，外地的学生再次来京时，总会来看望他们的老师。

古人曰："修身，齐家，治国。"朱仁康不仅个人德高行端，襟怀坦荡，不仅医术有成，造福民生；不仅著书育人，传递薪火，还非常关心国家大事。在民国时期，中医曾濒临被取缔的困境，那时他就参与了中医的保卫战，奔走力倡，不可废除中医。1949 年后，党和政府十分重视中医，尤其是在毛泽东主席"中国医药学是一个伟大的宝库，应当努力发掘，加以提高"及周恩来总理"发扬祖国医药遗产，为社会主义建设服务"等指示和倡导下，中医获得了新生。朱仁康入党后，以一个共产党员的标准严格要求自己，并表示虽已过七旬，身体尚健，精力充沛，老骥伏枥，壮心不已，愿将有生之年，献给中医事业和祖国的建设事业，多次获得中国中医研究院及广安门医院“优秀共产党员”的称号。1984 年，他当选为第六届全国政协委员，积极反映医药卫生界群众的心声，参政议政，献计献策。

1988 年金秋十月，时逢重阳节，中国中医研究院广安门医院隆重召开了“朱仁康教授行医 60 周年学术座谈会”，与会者对朱仁康精深的学术、高超的医术及高尚的医德给予了高度的评价，盛赞朱仁康在 60 年的行医生涯中，为中医学术呕心沥血，技术上精益求精，造诣很深，在国内外享有很高声誉，并不断总结研究探索，为人民的利益不计自己的任何得失，是下一代学习的楷模。广安门医院院长在贺词中写道：“砥砺漱石数十载，精诚业医堪楷模。”皮肤科的贺词为：“八十寿育人桃李芬芳，六十载耕耘硕果满园。”

养怡之福　夕阳无限

退休后，耄耋之年的朱仁康身体健康，思维清晰，仍坚持每周出两个半天的门诊，患者满意，学生受益，人人为之钦佩。直至 1996 年，他才赋闲在家，而那一年，他已是 88 岁的高龄了。朱仁康认为，人的一生应该活到老，学到老，做到老，在自己的事业中无限地发挥自己的光和热。

除了在学术方面有很深的造诣外，他生活俭朴，作风严谨，爱好读书，兴趣广泛，特别关注科技动态信息，紧跟时代脉搏，并付诸行动。晚年著书立说，堪称楷模。平时喜听评弹、昆曲等，尤其酷爱京剧。早年在子女小的时候就经常带他们去听戏，家中备有电唱机及录音机，保存了不少唱片及录音带，闲暇时则听上一段或跟着哼唱一曲。

朱仁康烟酒不沾，更没有其他不良嗜好，数十年如一日，难能可贵。他对摄影情有独钟，摄影占据了他大部分的业余时间。从一二〇相机到一三五相机、从国产相机到进口相机，用过好几台，休息日便携家人到公园摄影，回来后，从胶卷的冲晒到照片的洗印都亲自动手。尤其是20世纪70年代，国内刚出现彩色照片，朱仁康从书店买来相关的书籍，利用业余时间研究，亲自配制洗印药水，经过多次实践，竟成功地洗出了一张张在当时十分时尚的彩色照片，有不少保留至今，给后人留下了美好的回忆。他还爱好养花，装配收音机等，从矿石机（最原始的收音机）直到五灯机（五个电子管的收音机），天线、音响等一应俱全，全部自制，从中享受成功的喜悦。他就是这样一个充满生活情趣的人。

朱仁康在事业上能够取得这样的成绩，还得益于他有一个幸福、美满的家庭。几十年来，他的家庭一直非常和睦。他的夫人马正衡早年曾就读于无锡女子师范学校，知书达理，在事业上支持他、辅助他。夫人冲破旧的传统观念，毅然走出家门参与工作，一方面与丈夫共同承担家庭责任；另一方面也体现了自身的价值，后来进工厂担任厂幼儿园营养员，负责调配幼儿的伙食营养，直至1958年退休，享受退休金及医疗保障待遇，这在老中医药专家的夫人中是为数不多的。退休随丈夫迁京后，在生活上更是对朱仁康的起居饮食照顾有加。夫人来京后，担任广安门医院家属委员会主任20多年，热心服务，不取任何报酬，对所辖住户的情况及门牌号码了如指掌，多次被评为宣武区及广内街道办事处先进个人，又因家庭和睦多次被评为“五好家庭”。因朱仁康与夫人相濡以沫、相敬如宾几十年，以及各自取得的成绩，1989年重阳节被全国妇联、全国老龄委、《中国妇女报》评为首届“全国金婚佳侣”，与孙毅将军夫妇、薛慕桥夫妇等全国各地的金婚佳侣代表一同在政协礼堂共庆金婚，并获得由陈慕华副总理亲笔题词“白头偕老，幸福长寿”的金婚证书及荣誉奖杯。两个子女积极上进，儿子朱伟伦、女儿朱慧心均为50年代的大学毕业生，并在各自的岗位上做出了一定的成绩。这样的家庭，使得朱仁康从无后顾之忧。

朱仁康在事业上能够取得这样的成绩，还得益于他清净淡泊的心境，以及因此养成的健康身体。他熟谙养生之道，饮食有节，起居有常，粗茶淡饭，烟酒不沾，造就平和的体质。平素不进补药，主张“药补不如食补，食补不如心补”。以静养生，为人谦和，说话轻声轻语，从不扰人。每天坚持散步，锻炼适度。晚年儿女不在身边，夫妇俩与孙女、曾外孙等晚辈生活在一起，一家人慈孝有加，其乐融融。1995年，87岁高龄的朱仁康仍耳不聋，眼不花，思维清晰，每天坚持看书、看报、听广播、看电视，并勤于写作。被国家中医药管理局评为“健康老人”。

朱仁康一生致力于中医皮外科事业，言为代之轨物，行为人之师表，其卓越贡献为人称道，曾多次受到国家表彰。1985年获中华全国中医学会表彰；1990年受国务院表彰，享受首批国务院政府特殊津贴并获证书；同年荣获墨西哥世界文化理事会颁发的“阿尔伯特·爱因斯坦”世界科学奖状；2000年受中国中医研究院表彰，获“中国中医研究院资深研究员”荣誉称号。

晚年的朱仁康当选为第六届全国政协委员。他的事迹与名方被《中国当代高级科技人才系列词典》等10多种书籍收录。《光明日报》、《健康报》、《中国中医药报》、《北京周报》、《中医杂志》（英文版）等报刊报道了他的事迹。1998 年卫生部摄制编辑大型电视片和画册《中华医魂》，向中华人民共和国 50 周年献礼，朱仁康亦荣幸入选。

2000 年，一代名医朱仁康病逝于北京，享年 92 岁。他的学生李林悲痛地写道："朱老的一生，淡泊于名利，宁静以致远。他的声望之高，是他一生为中医事业奋斗赢得的。"

朱仁康走完了辛勤的一生。他给子孙留下的不是财产，而是巨大的精神财富。在八宝山举行的告别仪式上，国家中医药管理局、中国中医研究院等各级领导及生前友好、同仁等前往告别。他的学生分别从美国、英国、新加坡、香港等地发来唁电，凭吊恩师："忆往昔，朱老学识渊博，和善慈祥，虚怀若谷，表里如一，提携后学，桃李满园，堪称后学楷模"；"朱老平日勤学不辍，愈人无数，精于岐黄，真乃医林巨笔，北斗以南一人也"；"朱老的逝世不但使中国失去了一位国家级中医专家，同时也是世界传统医药界的重大损失，他留给我们的宝贵知识财富，必将为后人发扬光大，以造福人类”。

因为他的影响和教诲，他的后人以医学世家为自我要求，把他的医术和医德发扬光大，代代相传。朱仁康的儿孙均投身医学事业，朱仁康的侄子侄女侄孙也都从医，分别服务在上海、北京、台北、温哥华等地的医疗岗位上。

逝者如斯。按照朱仁康生前的遗愿，其子女、孙辈们在2000年初春携两位老人的骨灰，参加了上海组织的第三十五次撒海仪式。在辽阔海域烟波浩渺、哀乐低回之中，亲人们带着深深的怀念和哀思，将先辈的骨灰伴着鲜花缓缓撒入东海，让两位老人随波魂归大海，重回故里，一同在大海里“团圆”。

朱仁康的一生，折射出时代的变迁。在风起潮涌、变幻莫测的社会变革中，朱仁康始终坚持内心的信念，不曾放弃理想和梦想，少年即立志济世安民，青年时又团结中西医，办报宣传，纵横医坛；中年响应国家号召，建设专科；晚年更精进学术，著书立说，传之后人。其为人光明磊落，淡泊名利，品格高尚，忠厚和善，严于律己。他不仅是一位医术精到的医生，更是一位德高望重的名师，医界薪火相传。他的一生无愧于“奋斗的一生，自强的一生，幸福的一生”。

（撰稿人　苏昭穆　朱伟伦）

《中华中医昆仑》丛书 150 位医家名录

（按生年排序）

张锡纯	丁甘仁	萧龙友	王朴诚	恽铁樵
曹炳章	冉雪峰	谢　观	施今墨	汪逢春
孔伯华	黄竹斋	吴佩衡	蒲辅周	陈邦贤
李翰卿	李斯炽	姚国美	陆渊雷	张泽生
时逸人	张梦侬	叶橘泉	王聘贤	陈慎吾
邹云翔	赵炳南	承淡安	余无言	刘惠民
岳美中	沈仲圭	秦伯未	赵锡武	韦文贵
程门雪	黄文东	赵心波	董廷瑶	吴考槃
章次公	石筱山	陆南山	张赞臣	李聪甫
刘绍武	陈存仁	朱仁康	陆瘦燕	姜春华
韩百灵	高仲山	李克绍	王鹏飞	刘春圃
金寿山	哈荔田	何世英	周凤梧	干祖望
关幼波	王为兰	任应秋	罗元恺	祝谌予
杨医亚	郭士魁	何时希	耿鉴庭	俞慎初

裘沛然	顾伯华	江育仁	邓铁涛	门纯德
刘渡舟	尚天裕	朱良春	李玉奇	程士德
尚志钧	赵绍琴	董建华	米伯让	李辅仁
张珍玉	班秀文	颜正华	于己百	颜德馨
路志正	方药中	王乐匋	黄星垣	谢海洲
余桂清	何　任	王子瑜	程莘农	陈彤云
焦树德	张作舟	张　琪	李寿山	张镜人
王绵之	方和谦	印会河	王玉川	蔡小荪
李振华	马继兴	王嘉麟	宋祚民	刘弼臣
王雪苔	刘志明	吴咸中	李今庸	任继学
裴学义	王宝恩	周霭祥	贺普仁	唐由之
赵冠英	许润三	金世元	陆广莘	刘柏龄
徐景藩	吉良晨	吴定寰	沈自尹	王孝涛
张灿玾	周仲瑛	强巴赤列	张代钊	李经纬
郭维淮	柴松岩	苏荣扎布	陈可冀	李济仁
夏桂成	郭子光	巴黑·玉素甫	张学文	陈介甫